AF355923

CHAMBRE DES DÉPUTÉS

HUITIÈME LÉGISLATURE

SESSION EXTRAORDINAIRE DE 1902

Annexe au procès-verbal de la 2ᵉ séance du 30 octobre 1902.

PROJET DE LOI

sur l'emploi des composés du plomb dans les travaux
de la peinture en bâtiment,

PRÉSENTÉ

AU NOM DE M. ÉMILE LOUBET,

Président de la République française,

PAR M. GEORGES TROUILLOT,

Ministre du Commerce, de l'Industrie, des Postes et des Télégraphes,

EXPOSÉ DES MOTIFS

Messieurs,

Nous avons l'honneur de soumettre à vos délibérations un projet
de loi relatif à l'usage des composés plombiques le plus communé-
ment employés dans les travaux de la peinture en bâtiment. Ce
projet de loi édicte, pour une industrie spéciale, des prescriptions
additionnelles à celles de la loi du 12 juin 1893 sur l'hygiène et la
sécurité des travailleurs dans les établissements industriels. Il
complètera heureusement, nous l'espérons, les mesures réglemen-
taires qui ont déjà pû être prises en vertu de cette loi pour sauvegarder la santé des ouvriers peintres en bâtiment contre les dangers
que présente l'emploi de la céruse et des autres produits à base de
plomb.

I

La nocivité de la céruse a été constatée par d'illustres savants dès la fin du XVIII° siècle, en même temps que se généralisait son usage. En 1782 Guyton de Morveau, en 1808 Fourcroy, Bertholet et Vauquelin appelèrent l'attention de l'Académie des sciences sur les dangers du blanc de céruse ; ils signalaient en même temps la possibilité de son remplacement par le blanc de zinc dans l'industrie de la peinture.

En 1844, un entrepreneur de peinture, Leclaire, homme de grande intelligence et de grand cœur, qui fut aussi le promoteur de la participation aux bénéfices, réalisa après quatre années de recherches et de sacrifices la fabrication économique du blanc de zinc et son emploi industriel dans la peinture.

C'est à la suite de ses découvertes que le Ministre des Travaux publics, en 1849, et le Ministre de la Marine, en 1850, prirent les premiers arrêtés interdisant l'emploi de la céruse dans les travaux de leurs Départements.

Depuis cette époque on peut dire que la question était restée posée dans les préoccupations des hygiénistes et des professionnels, patrons et ouvriers, mais c'est depuis deux années surtout qu'elle s'est imposée à l'opinion publique, à la suite d'un vœu émis par le congrès national des ouvriers peintres.

Le comité consultatif d'hygiène publique de France, la Commission d'hygiène industrielle, le conseil général des bâtiments civils, après avoir examiné la question, se sont trouvés d'accord pour reconnaître les dangers très graves que présente l'emploi de la céruse et la possibilité de lui substituer d'autres produits dans presque tous les travaux de peinture. Sans se prononcer sur le fond avec la même netteté, la chambre syndicale des entrepreneurs de peinture de Paris acceptait l'interdiction de la céruse dans les travaux d'impression, d'enduits et de couches préparatoires pouvant être poncées à sec. Le comité consultatif des arts et manufactures proposait seulement de réglementer son emploi en prohibant certains modes de travaux plus particulièrement dangereux.

La peinture en bâtiment n'est, à la vérité, pas la seule industrie où soit employée la céruse, et celle-ci n'est pas non plus le seul composé plombique dont la manipulation soit dangereuse.

Mais la peinture en bâtiment est sans contredit la plus importante, la plus répandue parmi les industries qui emploient les com-

posés du plomb ; c'est aussi celle où, en raison de la dissémination
des chantiers, il est le plus difficile de veiller à la stricte observation,
de la part des ouvriers, de mesures d'hygiène préventives.

Quant à la céruse, elle est à la fois le composé plombique de
beaucoup le plus usuel dans l'industrie de la peinture et celui dont le
remplacement par des produits inoffensifs peut être considéré, en général, comme industriellement possible.

On conçoit donc que le projet de loi n'aborde pas l'interdiction
immédiate d'autres produits dangereux, mais beaucoup moins couramment employés, tels que minium, et se borne à en prévoir l'interdiction éventuelle, par règlement d'administration publique le jour
où la substitution d'un produit inoffensif serait reconnu également
facile et pratique.

Le projet de loi qui vous est aujourd'hui soumis est d'ailleurs le
complément logique des mesures prises jusqu'à ce jour par diverses
administrations de l'État, ainsi que des efforts réalisés par le Ministre
du Commerce pour améliorer les conditions du travail des peintres
en bâtiment.

Il ne paraît pas inutile de rappeler les prescriptions de même
ordre édictées par divers Départements ministériels pour l'exécution
de leurs commandes de peinture.

Depuis 1850, la substitution du blanc de zinc au blanc de céruse
est ordonnée par le Ministère de la Marine pour tous les travaux de
peinture à exécuter à bord des bâtiments de la flotte. Cette interdiction a été rappelée à nouveau par M. le Ministre de la Marine dans
une circulaire en date du 21 août 1902.

A la date du 1er juin 1901, M. le Ministre des Travaux publics,
renouvelant sa précédente interdiction, a adressé aux préfets une circulaire proscrivant l'emploi du blanc de céruse dans les travaux exécutés pour le compte des divers services de son administration.

M. le Président du Conseil, Ministre de l'Intérieur, a adressé aux
Préfets, à la date du 11 juillet 1901, une circulaire dans laquelle, por-
tant à leur connaissance l'avis du Comité consultatif d'hygiène
publique de France, il leur prescrit d'imposer aux soumissionnaires,
dans tous les travaux relevant du Ministère de l'Intérieur, l'emploi
exclusif du blanc de zinc. Dans les cas tout à fait exceptionnels où
les architectes croiraient indispensables de déroger à cette prohibition,
ils devraient se pourvoir d'une autorisation spéciale de l'Administration supérieure.

M. le Ministre de la Guerre a adressé, à la date du 21 octobre 1901 aux commandants de corps d'armée, ainsi qu'aux Gouverneurs de Paris et de Lyon et au général commandant la division de Tunisie, une circulaire décidant d'interdire l'usage du blanc de céruse dans tous les travaux exécutés dans les établissements militaires.

Par une circulaire en date du 30 novembre 1901, M. le Ministre de l'Instruction publique a prescrit aux inspecteurs généraux et aux architectes des services des Beaux-Arts l'interdiction de l'emploi de couleurs ou enduits à base de céruse dans les travaux exécutés pour le compte de son administration.

Enfin, dès le 25 mars 1901, mon prédécesseur avait pris un arrêté interdisant de faire usage à l'avenir de couleurs ou enduits à base de blanc de céruse dans les travaux qui seront exécutés dans les locaux dépendant du Ministère du Commerce, de l'Industrie, des Postes et des Télégraphes. Une circulaire de M. le Sous-Secrétaire des Postes et des Télégraphes en date du 20 février 1901 était conçue dans le même sens.

En ce qui concerne les travaux particuliers, lesquels ne sont ni moins importants ni moins dangereux que les travaux faits pour le compte de l'État, il parut tout d'abord que la loi du 12 juin 1893, en prévoyant dans son article 3, paragraphe 3, la possibilité de déterminer par des règlements d'administration publique, les prescriptions particulières applicables à certaines industries et à certains modes de travail, permettait de donner à l'industrie de la peinture en bâtiment une réglementation propre à lui assurer des conditions normales d'hygiène et de sécurité.

Après une minutieuse enquête qui fut poursuivie tant auprès des différents corps techniques de l'État qu'auprès des intéressés, patrons et ouvriers, et après avis de la Commission d'hygiène industrielle et du Comité consultatif des arts et manufactures, un projet de décret fut élaboré.

A côté de mesures d'hygiène destinées à atténuer les risques d'intoxication par la céruse, le projet de décret prévoyait dans un délai d'un an l'interdiction de l'emploi de la céruse dans certains travaux particulièrement dangereux et, dans un délai de trois ans, son interdiction absolue dans tous les travaux de peinture exécutés à l'intérieur des bâtiments.

Le Conseil d'État auquel fut soumis le projet, éleva contre ces interdictions des objections d'ordre juridique. Il émit l'avis que leur introduction dans le règlement d'administration publique élaboré excédait les pouvoirs conférés au Président de la République par l'article 3, paragraphe 3 de la loi du 12 juin 1893, qui d'après lui permettait bien de réglementer le travail mais non de prononcer l'interdiction totale ou partielle d'une industrie. Sans doute il lui parut que l'interdiction de l'emploi de la céruse dans certains travaux équivalait à l'interdiction indirecte soit de l'industrie qui fabrique ces produits, soit de celle qui les met en œuvre.

En présence de cet avis les interdictions furent écartées du projet et le décret du 18 juillet 1902 se borna à édicter diverses mesures de précaution à observer tant dans l'emploi de la céruse que dans le grattage et le ponçage des peintures au blanc de céruse.

C'est donc uniquement par des considérations juridiques que l'interdiction de la céruse a été par nous écartée du décret, mais les raisons d'hygiène et de salubrité qui la justifient n'en subsistent pas moins tout entières. Il appartient au Parlement de compléter maintenant l'œuvre de salubrité commencée par le décret.

Tel est l'objet du projet de loi ci-après dont le dépôt était d'ailleurs annoncé, pour les raisons que nous venons de rappeler, dans le rapport qui a précédé au *Journal officiel* la publication du décret du 18 juillet 1902 réglementant l'emploi de la céruse dans les travaux de peinture en bâtimedt. Nous donnerons quelques explications sur les articles de ce projet de loi.

III

Examen des articles.

Article premier.

L'article 1er définit le champ d'application de la loi. A la différence des autres industries qui s'exercent pour la plupart dans des établissements spéciaux bien définis, les travaux de peinture en bâtiment s'exécutent dans les lieux les plus divers et presque toujours en dehors de l'établissement du patron. Aussi a-t-on jugé nécessaire d'énumérer dans l'article 1er les lieux où s'exécutent le plus habituellement les travaux de peinture en bâtiment : ateliers, chantiers, bâtiments en construction ou en réparation. Cette énumération n'est pas d'ailleurs limitative, puisque l'article 1er ajoute que les dispositions prohibitives de la loi s'appliquent à tout *lieu de travail* où s'exécutent des travaux de peinture en bâtiment.

Enfin l'article indique encore expressément que c'est aux chefs d'industrie, directeurs ou gérants qu'incombe l'observation des prescriptions déterminées par la loi sans préjudice des mesures aux-

quelles ils doivent satisfaire d'autre part, en vertu de la législation
générale sur l'hygiène et la sécurité des travailleurs, et du décret du
18 juillet 1902 spécial à l'industrie de la peinture.

Art. 2.

L'article 2 interdit l'emploi de la céruse et de l'huile de lin
lithargirée dans les travaux d'impression, de rebouchage et d'enduisage.

L'impression est la couche préparatoire qui est passée sur le subjectile, ou surface à peindre, avec de l'huile de lin, siccativée ou non,
dans laquelle il a été délayée une petite quantité de blanc de céruse
ou de blanc de zinc. Le danger de cette opération vient précisément
de la fluidité du mélange ; au cours du travail il arrive souvent, surtout dans les travaux de corniches ou de plafonds, que des goutte-
lettes de liquide rejaillissent sur le visage et les mains des ouvriers.
Si le mélange contient de la céruse on conçoit le danger auquel est
exposé ce dernier.

Le rebouchage est l'opération qui vient ensuite, et qui consiste à
boucher les trous du subjectile avec du mastic ordinaire, ou blanc de
Meudon, rendu siccatif par du blanc de zinc ou de plomb en petite
quantité. Ce n'est que très rarement que l'ouvrier met le mastic sur un
couteau palette pour le prendre avec un autre couteau. Le plus souvent il tient ce mastic dans la paume de la main ; d'où risque d'intoxication, sinon par la peau, du moins par les éraillures, crevasses
ou écorchures qu'elle peut présenter.

Enfin l'enduisage a pour but d'égaliser la surface à peindre en la
revêtant d'un enduit fait avec le mastic précédent rendu plus clair
par de l'huile de lin et de l'essence. Il est souvent supprimé dans les
travaux ordinaires ou lorsqu'il a été fait un rebouchage soigné : l'enduit a une consistance épaisse ; l'ouvrier prend la matière dans son
camion ou pot de peinture, avec une large palette (couteau à enduire),
et l'étale en se servant d'un autre couteau, mais après l'avoir placé le
plus souvent dans sa main : d'où nouvelle cause d'intoxication.

Ce n'est qu'après ces opérations préliminaires, auxquelles viennent
s'ajouter parfois des ponçages après chaque couche d'enduit, qu'in-
tervient la peinture proprement dite. Celle-ci s'effectue avec un mélange d'huile et de blanc de zinc qui présente une certaine consistance et qui est toujours appliquée à l'aide de la brosse. Sans être
inoffensive elle présente moins de dangers que les autres opérations
qui ont l'inconvénient de mettre certaines parties du corps de l'ou-

vrier en contact direct avec les substances toxiques, et d'augmenter considérablement les risques d'empoisonnement.

Il faut ajouter que dans toutes les opérations que nous venons d'énumérer, la substitution au blanc de céruse d'un produit inoffensif est toujours possible, et qu'elle est même déjà réalisée dans la pratique par un certain nombre d'entrepreneurs. La Chambre syndicale des entrepreneurs de peinture de Paris s'était d'ailleurs ralliée au texte ci-après, que reproduit à peu près exactement celui qui vous est proposé : « Le blanc de céruse sera prohibé pour les travaux d'impression, d'enduit et de couches préparatoires pouvant être poncées à sec. » (Rapport de M. Diolé, président, page 25, année 1901.)

À l'interdiction d'employer la céruse dans les travaux d'impression, de rebouchage et d'enduit, on a joint celle d'employer de l'huile lithargirée, c'est-à-dire de l'huile de lin à laquelle on a ajouté, pour la rendre siccative, de la litharge ou oxyde de plomb. La litharge présente les mêmes dangers que la céruse et doit être proscrite au même titre, car elle peut également, et sans difficulté, être remplacée.

Toutefois, l'interdiction de l'emploi de la céruse et de l'huile lithargirée n'entrera en vigueur qu'un an après la promulgation de la loi. Il convient en effet de laisser aux entrepreneurs le temps d'épuiser leurs approvisionnements et de prendre les mesures nécessaires pour modifier leurs procédés de travail actuels, et habituer leurs ouvriers à se servir des produits qui devront remplacer la céruse et la litharge.

Il convient également de laisser se développer suffisamment la production des substances qui peuvent se substituer à l'emploi de la céruse.

Art. 3.

L'article 3 porte que l'interdiction ci-dessus s'étendra, dans un délai de trois années, à tous les travaux de peinture en bâtiment de quelque nature que ce soit, c'est-à-dire aussi bien à la peinture proprement dite qu'aux opérations préliminaires que nous avons définies sous l'article précédent, lorsque ces travaux seront exécutés à l'intérieur des bâtiments.

L'interdiction n'a pas été étendue aux travaux exécutés à l'extérieur. Des objections sérieuses ont été élevées contre cette extension par des techniciens autorisés. On affirme que la peinture au blanc de céruse serait difficilement remplaçable à l'extérieur. Sous l'influence du soleil, des variations de température et de l'humidité, qui se fait évidemment plus sentir à l'extérieur qu'à l'intérieur des bâtiments, l'huile de lin qui entre dans la composition de la peinture tendrait à s'altérer. La peinture à la céruse contenant une moindre quantité d'huile aurait une moindre tendance à s'écailler ou à fariner.

Ces objections ont été présentées par les entrepreneurs de peinture dans l'enquête à laquelle a procédé le Comité consultatif des arts et manufactures. Elles avaient été relevées également dans l'enquête ouverte par M. le Ministre des Travaux publics en 1901 auprès des ingénieurs en chef des ponts et chaussées et dont les résultats sont consignés aux pièces annexes du projet. On y lira que sur 107 réponses, 73 sont favorables à l'emploi exclusif du blanc de zinc tant à l'intérieur qu'à l'extérieur, mais 32 objectent que d'après leurs expériences la peinture au blanc de zinc n'aurait point une solidité suffisante à l'extérieur.

En l'état actuel de la question, il a paru prudent de limiter aux travaux de peinture exécutés à l'intérieur l'interdiction légale de l'emploi de la céruse et de l'huile de lin lithargirée. Il est bien entendu toutefois que l'interdiction est relative aux travaux d'impression, de rebouchage et d'enduisage à l'extérieur des bâtiments comme à l'intérieur.

On peut prévoir que l'interdiction partielle de la céruse provoquera, soit de nouvelles expériences concluant à la possibilité de sa substitution à l'extérieur par un produit connu, soit même la découverte d'un produit nouveau utilisable à l'extérieur aussi bien qu'à l'intérieur. Nous estimons, dans ces conditions, qu'une délégation du pouvoir législatif pourrait sans inconvénient laisser à un règlement d'administration publique le soin d'édicter ultérieurement la prohibition de l'emploi de la céruse dans les travaux à l'extérieur; ce règlement rendu après avis du Comité consultatif des arts et manufactures et de la Commission d'hygiène industrielle présenterait toutes les garanties que l'industrie est en droit d'exiger.

La même procédure devrait permettre, à notre avis, d'interdire l'emploi des autres composés du plomb dans l'industrie de la peinture en bâtiment.

Art. 4.

Par contre, il faut sans doute prévoir que certaines nécessités industrielles se présenteront auxquelles il ne pourrait être donné satisfaction que par l'emploi tout à fait exceptionnel d'un composé plombique. Une prohibition sans réserve risquerait dès lors de dépasser le but poursuivi par le législateur. Il est prudent de réserver la possibilité d'autoriser dans certains cas, et sur avis, pour chacun de ces cas, du Comité consultatif des arts et manufactures, l'emploi de la céruse ou d'autres produits à base de plomb.

Art. 5.

L'article 5 confie l'application de la loi aux inspecteurs du travail; à cet effet, il leur donne entrée dans les établissements auxquels elle s'applique. Toutefois les travaux de peinture s'effectuant souvent dans les locaux habités, il a paru nécessaire de sauvegarder par un texte précis le principe de l'inviolabilité du domicile privé. Il est stipulé que dans ce cas, l'inspecteur ne pourra pénétrer dans les locaux qu'après en avoir demandé l'autorisation aux personnes qui les occupent. Cette autorisation pourra d'ailleurs être donnée verbalement. Il est bien certain qu'en fait cette autorisation sera très rarement refusée à l'inspecteur, l'hygiène de l'habitation se trouvant sauvegardée accessoirement par la mesure même qui sauvegarde l'hygiène de l'ouvrier. On sait en effet qu'en cas de malfaçon les peintures faites à la céruse sont sujettes à s'écailler ou à fariner, et qu'absorbées à l'état de poussières elles ne sont point sans danger pour l'habitant.

Art. 6.

L'article 6 ne fait que viser purement et simplement les dispositions de la loi du 12 juin 1893 relatives à la constatation des contraventions et à l'application des pénalités. Il est naturel, en effet, que des contraventions de nature identique, puisqu'il s'agit dans la loi nouvelle comme dans la loi de 1893 d'infractions à ces mesures d'hygiène et de salubrité, soient constatées et réprimées d'une façon identique.

PROJET DE LOI

Le Président de la République française

Décrète :

Le projet de loi dont la teneur suit sera présenté à la Chambre des Députés par le Ministre du Commerce, de l'Industrie, des Postes et des Télégraphes, qui est chargé d'en exposer les motifs et d'en soutenir la discussion :

Article premier.

Dans les ateliers, chantiers, bâtiments en construction ou en réparation et généralement dans tout lieu de travail où s'exécutent des travaux de peinture en bâtiment, les chefs d'industrie, directeurs ou gérants sont tenus, indépendamment des mesures prescrites, en vertu de la loi du 12 juin 1893 sur l'hygiène et la sécurité des travailleurs, de se conformer aux prescriptions suivantes :

Art. 2.

Dans un délai d'un an, à partir de la promulgation de la présente loi, l'emploi de la céruse et de l'huile de lin lithargirée sera interdit dans tous les travaux d'impression, de rebouchage et d'enduisage.

Art. 3.

Dans un délai de trois années à partir de la même date, l'interdiction édictée par l'article précédent s'étendra à tous les travaux de peinture, de quelque nature que ce soit, exécutés à l'intérieur des bâtiments.

Un règlement d'administration publique rendu après avis du Comité consultatif des arts et manufactures et de la Commission d'hygiène industrielle instituée auprès du Ministre du Commerce pourra étendre cette interdiction aux travaux exécutés à l'extérieur des bâtiments.

L'interdiction totale ou partielle des autres produits à base de plomb employés dans l'industrie de la peinture en bâtiment pourra être également prononcée par un règlement d'administration publique rendu dans les mêmes conditions.

Art. 4.

L'autorisation d'employer la céruse ou d'autres produits à base de plomb pourra, par dérogation aux dispositions qui précèdent, être accordée exceptionnellement par le Ministre du Commerce, après avis du Comité consultatif des arts et manufactures pour chaque cas particulier.

Art. 5.

Les inspecteurs du travail sont chargés d'assurer l'exécution de la présente loi. A cet effet, ils ont entrée dans tous les établissements spécifiés à l'article premier. Toutefois, dans le cas où les travaux de peinture sont exécutés dans des locaux habités, les inspecteurs ne pourront pénétrer dans ces locaux qu'après y avoir été autorisés par les personnes qui les occupent.

Art. 6.

Les articles 5, 7, paragraphes 1 et 3, 9 et 12 de la loi du 12 juin 1893 sont applicables à la constatation des contraventions prévues par la présente loi, ainsi qu'à leur répression.

Fait à Paris, le 28 octobre 1902.

Signé : ÉMILE LOUBET.

Par le Président de la République :

Le Ministre du Commerce, de l'Industrie,
des Postes et des Télégraphes,

Signé : GEORGES TROUILLOT.

ANNEXES

ANNEXE 1

PROJET DE DÉCRET

Sur l'emploi de la céruse dans l'industrie de la peinture en bâtiment.

(Texte adopté par la Commission d'hygiène industrielle.)

(21 mars 1901)

Article premier.

L'emploi de la céruse est interdit dans l'industrie de la peinture en bâtiment.

Art. 2.

A titre transitoire et dans les travaux de grattage et ponçage d'anciens fonds de peinture à base de plomb, les chefs d'industrie, directeurs, gérants ou préposés devront mettre à la disposition des ouvriers des surtouts qui seront portés pendant le travail et enlevés à la fin de chaque reprise.

Avant de quitter le travail, pour le repas de midi, les ouvriers auront un délai de 10 minutes, pris sur le temps du travail, pour procéder aux soins de propreté prévus par l'article 8 du décret du 10 mars 1894. Les objets nécessaires, récipients, savons, brosses à ongles, essuie-mains seront mis à leur disposition sur le lieu même du travail.

Art. 3.

Les chefs d'industrie, directeurs ou gérants sont tenus d'afficher dans un endroit apparent de leurs ateliers de préparation le texte du présent décret ainsi que les instructions y annexées.

Art. 4

Un délai de 6 mois est accordé aux chefs d'industrie pour l'application de l'article premier du présent décret. Pendant ce délai, les mesures d'hygiène prescrites aux articles 2 et 3 devront être appliquées dans les chantiers où il sera fait emploi du blanc de céruse.

ANNEXE II

PROJET DE DÉCRET

Sur l'emploi de la céruse dans les travaux de la peinture en bâtiment.

Texte élaboré par le Comité consultatif des arts et manufactures.

(11 juin 1902)

Article premier.

La céruse ne peut être employée qu'à l'état de pâte dans les ateliers de peinture en bâtiment.

Art. 2.

Il est interdit d'employer directement avec la main les produits à base de céruse dans les travaux de peinture en bâtiment.

Art. 3.

Le travail à sec au grattoir et le ponçage à sec des peintures au blanc de céruse sont interdits.

Art. 4.

Dans les travaux de grattage et de ponçage *humides* et généralement dans tous les travaux de peinture à la céruse, les chefs d'industrie devront mettre à la disposition de leurs ouvriers des surtouts exclusivement affectés au travail et en prescriront l'emploi. Ils assureront le bon entretien et le lavage fréquent de ces vêtements.

Les objets nécessaires aux soins de propreté seront mis à la disposition des ouvriers sur le lieu même du travail.

Les engins et outils seront tenus en bon état de propreté. Leur nettoyage sera effectué sans grattage à sec.

Art. 5.

Les chefs d'industrie seront tenus d'afficher le texte du présent décret dans les locaux où se font le recrutement et la paye des ouvriers.

ANNEXE III

PROJET DE DÉCRET

Relatif à l'emploi de la céruse dans la peinture en bâtiment.

Texte soumis au Conseil d'État, 24 juin 1902.

Le Président de la République française,

Sur le rapport du Ministre du Commerce, de l'Industrie, des Postes et des Télégraphes ;

Vu l'article 3 de la loi du 12 juin 1893, ainsi conçu :

« Des règlements d'administration publique, rendus après avis du Comité consultatif des arts et manufactures, détermineront :

« 1° Dans les trois mois de la promulgation de la présente loi, les mesures générales de protection et de salubrité applicables à tous les établissements assujettis, notamment en ce qui concerne l'éclairage, l'aération ou la ventilation, les eaux potables, les fosses d'aisances, l'évacuation des poussières et vapeurs, les précautions à prendre contre les incendies, etc. ;

« 2° Au fur et à mesure des nécessités, les prescriptions particulières relatives soit à certaines industries, soit à certains modes de travail.

« Le Comité consultatif d'hygiène publique de France sera appelé à donner son avis en ce qui concerne les règlements généraux prévus au paragraphe 2 du présent article. »

Vu l'avis du Comité consultatif des arts et manufactures ;

Le Conseil d'État entendu,

Décrète :

Article premier.

La céruse ne peut être employée qu'à l'état de pâte dans les ateliers de peinture en bâtiment.

Art. 2.

Il est interdit d'employer directement avec la main les produits à base de céruse dans les travaux de peinture en bâtiment.

Art. 3.

Le travail à sec au grattoir et le ponçage à sec des peintures au blanc de céruse sont interdits.

Art. 4.

Dans les travaux de grattage et de ponçage humides, et généralement dans tous les travaux de peinture à la céruse, les chefs d'industrie devront mettre à la disposition de leurs ouvriers des surtouts exclusivement affectés au travail et en prescriront l'emploi. Ils assurent le bon entretien et le lavage fréquent de ces vêtements.

Les objets nécessaires aux soins de propreté seront mis à la disposition des ouvriers sur le lieu même du travail.

Les engins et outils seront tenus en bon état de propreté. Le nettoyage sera effectué sans grattage à sec.

Art. 5.

Dans un délai d'une année à partir de la promulgation du présent décret, l'emploi de la céruse et de l'huile de lin lithargirée sera interdit dans tous les travaux d'impression, de rebouchage et d'enduisage.

Art. 6.

Dans un délai de trois années à partir de la même date, l'interdiction édictée à l'article 5 s'étendra à tous les travaux de peinture à l'intérieur des bâtiments.

Art. 7.

Les chefs d'industrie seront tenus d'afficher le texte du présent décret dans les locaux où se font le recrutement et la paye des ouvriers.

Paris, le

ANNEXE IV

RAPPORT

Au Président de la République française à l'appui du texte définitif.

(15 juillet 1902.)

Monsieur le Président,

J'ai l'honneur de soumettre à votre signature le projet de décret réglementant l'emploi de la céruse dans les travaux de peinture en bâtiment.

Depuis longtemps, les graves maladies des peintres en bâtiment qui manipulent cette substance ont attiré l'attention des hygiénistes et ému l'opinion publique. Récemment encore, le Comité consultatif d'hygiène publique en France, le Conseil général des bâtiments civils, la Commission d'hygiène industrielle du Ministère du Commerce, appelés à examiner la question, n'ont pas hésité à reconnaître la nocivité du blanc de céruse et la possibilité de lui substituer d'autres produits dans la plupart des travaux de la peinture en bâtiment.

Le projet primitif de règlement élaboré par la Commission d'hygiène industrielle concluait à l'interdiction absolue de l'emploi de la céruse dans les travaux de la peinture en bâtiment.

Le Comité consultatif des arts et manufactures fut d'avis de modifier ce projet et d'édicter seulement un certain nombre de précautions à observer.

Après un examen minutieux des avis émis par les Conseils saisis de la question, il m'avait paru que, pour protéger efficacement les ouvriers peintres, il était nécessaire d'ajouter aux simples mesures de précaution édictées par le Comité consultatif des arts et manufactures des dispositions interdisant l'emploi de la céruse : 1° dans tous les travaux d'impression, de rebouchage et d'enduisage ; 2° après un délai évalué d'après les nécessités industrielles, dans tous les travaux de peinture à l'intérieur des bâtiments.

Le Conseil d'État, auquel le projet de décret a été renvoyé, conformément à la loi, a présenté contre ces dispositions des objections d'ordre juridique. Il a été d'avis que leur introduction dans le règlement d'administration publique élaboré n'était aucunement autorisée par les termes de la loi du 12 juin 1893 sur l'hygiène et la sécurité des travailleurs dans les établissements industriels.

En présence de cet avis, je n'ai pas cru pouvoir maintenir l'interdiction d'employer la céruse dans certains travaux de la peinture en bâtiment, et c'est le texte approuvé par le Comité consultatif des arts et manufactures et par le Conseil d'État que j'ai l'honneur de soumettre à votre approbation.

Mais, pour les raisons d'hygiène et de salubrité qui m'avaient déterminé à préparer le texte primitif de décret, je me réserve de vous demander ultérieurement de présenter au Parlement un projet de loi spécial visant l'interdiction écartée par le Conseil d'État.

Veuillez agréer, Monsieur le Président, l'hommage de mon respectueux dévouement.

Le Ministre du Commerce, de l'Industrie,
des Postes et des Télégraphes,

Georges TROUILLOT.

ANNEXE V

DÉCRET

Du 18 juillet 1902.

Le Président de la République,

Sur le rapport du Ministre du Commerce, de l'Industrie, des Postes et des Télégraphes ;

Vu l'article 3 de la loi du 12 juin 1893 ainsi conçu :

« Des règlements d'administration publique, rendus après avis du Comité consultatif des arts et manufactures, détermineront :

« 1° Dans les trois mois de la promulgation de la présente loi, les mesures générales de protection et de salubrité applicables à tous les établissements assujettis, notamment en ce qui concerne l'éclairage, l'aération ou la ventilation, les eaux potables, les fosses d'aisances, l'évacuation des poussières et vapeurs, les précautions à prendre contre les incendies, etc... ;

« 2° Au fur et à mesure des nécessités constatées, les prescriptions particulières relatives soit à certaines industries, soit à certains modes de travail ;

« Le Comité consultatif d'hygiène publique de France sera appelé à donner son avis en ce qui concerne les règlements généraux prévus au paragraphe 2 du présent article. »

Vu l'avis du Comité consultatif des arts et manufactures ;

Le Conseil d'État entendu,

Décrète :

Article premier.

La céruse ne peut être employée qu'à l'état de pâte dans les ateliers de peinture en bâtiment.

Art. 2.

Il est interdit d'employer directement avec la main les produits à base de céruse dans les travaux de peinture en bâtiment.

Art. 3.

Le travail à sec au grattoir et le ponçage à sec des peintures au blanc de céruse sont interdits.

Art. 4.

Dans les travaux de grattage et de ponçage humides, et généralement dans tous les travaux de peinture à la céruse, les chefs d'industrie devront mettre à la disposition de leurs ouvriers des surtouts exclusivement affectés au travail, et en prescriront l'emploi. Ils assureront le bon entretien et le lavage fréquent de ces vêtements.

Les objets nécessaires aux soins de propreté seront mis à la disposition des ouvriers sur le lieu même du travail.

Les engins et outils seront tenus en bon état de propreté, leur nettoyage sera effectué sans grattage à sec.

Art. 5.

Les chefs d'industrie seront tenus d'afficher le texte du présent décret dans les locaux où se font le recrutement et la paye des ouvriers.

Art. 6.

Le Ministre du Commerce, de l'Industrie, des Postes et des Télégraphes est chargé de l'exécution du présent décret qui sera inséré au *Bulletin des lois* et au *Journal officiel* de la République française.

Fait à Paris, le 18 juillet 1902.

ÉMILE LOUBET.

Par le Président de la République :

Le Ministre du Commerce,
de l'Industrie, des Postes et des Télégraphes.
Georges TROUILLOT.

ANNEXE VI

AVIS

du Comité consultatif d'hygiène publique de France sur la substitution du blanc de zinc au blanc de céruse.

M. Ogier, rapporteur.

(4 mars 1901.)

Messieurs, une lettre de M. le Ministre de l'Intérieur, du 14 janvier 1901, invite le Comité consultatif d'hygiène publique « à délibérer sur la substitution du blanc de zinc au blanc de céruse dans les travaux de peinture exécutés pour le compte des administrations ».

La demande de M. le Ministre de l'Intérieur a pour point de départ une lettre de M. le Ministre des Travaux publics, ainsi conçue :

« L'attention de mon administration a été appelée sur les dangers que présente pour la santé des ouvriers employés aux travaux de peinture *l'usage des sels de plomb* et *particulièrement de la céruse*. Le syndicat des peintres de Paris, après s'être attaché à faire ressortir le caractère nocif de ces sels, a demandé que partout l'emploi du blanc de zinc fût substitué à celui de la céruse ; il a même été jusqu'à conclure la prohibition absolue de la fabrication et de la vente ce de dernier produit.

« Il ne m'appartient pas d'examiner s'il conviendrait de prendre des mesures spéciales en vue de réglementer la fabrication et la vente de la céruse. Mais je suis tout disposé à faire étudier par les services placés sous mes ordres savoir si la question de la substitution du blanc de zinc à la céruse, dans les travaux de peinture exécutés pour le compte de mon administration, peut être prescrite sans inconvénient au point de vue technique. Une circulaire dans ce sens vient d'être adressée par mes soins aux ingénieurs en chef. Je vous serais obligé de vouloir bien de votre côté, et pendant que cette instruction technique se poursuivra, appeler le Comité consultatif d'hygiène publique à délibérer sur les questions soulevées par le syndicat des peintres de Paris.

« Je vous laisse d'ailleurs le soin de décider s'il ne conviendrait pas d'inviter dès à présent nos collègues des autres départements à prescrire dans leurs services respectifs une enquête technique analogue à celle qui va être ouverte par les soins de mon administration. »

La question qui est soumise au Comité est loin d'être nouvelle ; on peut même s'étonner qu'elle n'ait pas été tranchée plus vite et plus complètement. Nous n'avons pas l'intention d'en refaire l'historique ; et nous nous contenterons de rappeler qu'il y a déjà 120 ans que Courtois présentait à l'académie de Dijon un blanc de zinc remarquable par son inaltérabilité ; qu'en 1783, Guyton de Morveau en préconisait l'emploi, tant pour des motifs d'hygiène qu'en raison des propriétés chimiques de ce produit. Les patentes anglaises d'Atkinson datent de 1796. Malgré les rapports favorables des hommes les plus éminents de cette époque, Fourcroy, Berthollet, Vauquelin, la peinture au blanc de zinc ne s'est pas répandue en France jusqu'aux travaux de *Leclaire* (1849), *qui a réussi à fabriquer l'oxyde de zinc en grand au même prix que la céruse et qui a obtenu une série de couleurs à base de zinc inaltérables par les vapeurs sulfurées;* c'est le même Leclaire qui a indiqué un procédé de préparation d'une huile siccative exempte de plomb (à base de manganèse); c'est lui, enfin, qui, par ses efforts persévérants, a fait entrer dans la pratique la peinture au blanc de zinc. On trouvera dans le rapport de A. Chevallier à la Société d'encouragement (1849) (1) d'intéressants renseignements sur les travaux de Leclaire et sur les nombreuses approbations qu'apportaient, dès cette époque, à l'idée de substitution du blanc de zinc au blanc de céruse les hommes les plus compétents au point de vue technique et en matière d'hygiène.

On nous permettra de remettre sous les yeux du Comité une circulaire adressée par le Ministre de l'Intérieur aux préfets en février 1852; elle présente fort bien l'état de la question à cette époque; et il n'y a maintenant rien de changé, sinon que la fabrication de la céruse, ayant fait les progrès prévus, a cessé d'être une industrie très meurtrière. Quant aux conclusions de cette circulaire, on pourrait les reproduire aujourd'hui sans les modifier en rien. Voici ce document :

« Monsieur le préfet, la fabrication et le broyage de la céruse sont depuis longtemps signalés comme des opérations éminemment insalubres. L'emploi des peintures qui admettent cette substance produit également les plus funestes effets parmi les ouvriers peintres. En ce qui touche la fabrication, elle pourrait, grâce à des perfectionnements récents, devenir jusqu'à un certain point inoffensive; mais il est à craindre que ces perfectionnements ne soient pas toujours réalisés par les fabricants ; quant à l'emploi de la céruse, il est certain que des précautions de diverses natures peuvent bien en affaiblir, mais non en paralyser complètement la pernicieuse influence. L'intérêt de la santé d'une classe nombreuse d'ouvriers réclame donc à cet égard toute la sollicitude de l'autorité supérieure.

« *Déjà un arrêté émané du Ministère des Travaux publics, à la date du 24 août 1849, prescrit la substitution du blanc de zinc au blanc de céruse dans les travaux de peinture à exécuter dans les bâtiments de l'État.* Depuis, une Commission instituée au même Ministère, en 1850 et 1851, et composée des hommes les plus compétents a étudié cette question avec un soin tout spécial ; elle est tombée d'accord sur les dangers de la fabrication et de l'emploi de la céruse et sur la nécessité de la remplacer par le blanc de zinc. D'après les conclusions de cette Commission, la préparation, l'emploi et le grattage de la peinture au blanc de zinc ne paraissent présenter aucun danger pour la santé de l'ouvrier. En outre, cette peinture a des qualités de durée, de solidité et d'éclat qui ne se retrouvent pas au même degré dans la peinture au blanc de céruse; enfin, s'il y a aujourdhui entre l'une et l'autre égalité de prix, il est permis d'espérer que la peinture au blanc de zinc pourra bientôt être établie à des prix inférieurs.

« En présence de ces conclusions, Monsieur le Préfet, je crois devoir vous inviter à prendre les mesures nécessaires pour que le blanc de zinc soit employé généralement dans les travaux de peinture à exécuter dans les bâtiments départementaux. Une prescription exclusive et absolue risquerait d'apporter une perturbation trop subite dans l'importante fabrication de la céruse; mais il est essentiel, au moins, que des essais comparatifs de l'une et de l'autre peinture soient faits sur une large échelle, de telle sorte que la préférence puisse être accordée à celle des deux dont l'expérience aura démontré la supériorité, au double point de vue sanitaire et économique.

____

(1) Rapport fait à la Société d'encouragement par M. A. Chevallier sur la substitution du blanc de zinc ou des couleurs à base de zinc au blanc de plomb, etc. — Paris, 1849.

« Vous donnerez, dans ce sens, des instructions aux architectes chargés des édifices départementaux ; vous transmettrez aussi les mêmes recommandations aux maires des communes de votre département en ce qui touche les bâtiments communaux.

« *Le Ministre de l'Intérieur, de l'Agriculture et du Commerce,*

« F. DE PERSIGNY (1) ».

Le Comité n'ayant à donner son opinion que sur le côté hygiénique du sujet, notre enquête aurait pu être des plus brèves, et nous aurions pu nous borner à émettre des conclusions qui ne différeraient pas sensiblement de celles formulées dans la circulaire de 1852. — Toutefois, c'est une besogne ingrate que de donner des avis qui pourraient n'être pas applicables par suite de difficultés trop grandes dans l'emploi des substances préconisées ; aussi avons-nous cru qu'il nous était permis, sans sortir de notre rôle, de recueillir sur le côté technique de la question les opinions de personnes autorisées : c'est ainsi que votre Commission a entendu les explications de MM. Expert-Bezançon, Lefebvre, Bruzon, et plusieurs autres représentants de l'industrie de la céruse, — MM. Redouly de la maison Leclaire, Warnet, Manger, entrepreneurs, partisans résolus de la peinture au blanc de zinc, Craissac, délégué des syndicats ouvriers, Houppe, président de la Chambre syndicale des entrepreneurs de peinture, etc. — On devine sans peine que les avis que nous avons recueillis n'ont pas toujours été concordants ; nous pensons toutefois qu'il n'est pas difficile de se faire une idée juste de l'état de la question.

I. *Fabrication de la céruse.* — L'une des raisons les plus valables jadis pour faire proscrire l'emploi de la céruse était tirée des dangers énormes qu'offrait pour les ouvriers la fabrication même de ce produit. Il n'est que juste de reconnaître et de proclamer hautement

---

(1) Avant la circulaire de 1852, le Ministre des Travaux publics avait déjà prescrit l'emploi du blanc de zinc, ainsi qu'il résulte des deux pièces ci-dessous :

Lettre du Ministre des Travaux publics au directeur de la Société du blanc de zinc, lui faisant connaître les conclusions du rapport de la Commission spéciale nommée par son ordre le 20 décembre 1848.

« Monsieur,

« Suivant le désir que vous m'avez exprimé, j'ai chargé une Commission spéciale d'examiner, au double point de vue de la salubrité dans la fabrication et de la valeur industrielle et artistique des produits, le procédé proposé par M. Leclaire pour arriver à la suppression du blanc de céruse dans les travaux de peinture.

« La Commission vient de me remettre son rapport ; j'ai l'honneur de vous en faire connaître les conclusions.

« Au point de vue de la salubrité, la Commission regarde comme étant dès à présent incontestables les avantages de la substitution de l'oxyde de zinc à la céruse, en raison des effets nuisibles que cette dernière matière produit fréquemment, principalement sur les ouvriers et sur les personnes exposées à séjourner dans des habitations récemment peintes.

« Au point de vue industriel et artistique, elle pense : 1° que les peintures, ayant pour base l'oxyde de zinc, seront plus inaltérables n'étant surtout aucunement attaquables par les émanations sulfureuses, comme sont nécessairement les peintures à la céruse ; 2° que l'oxyde de zinc peut procurer des tons au moins aussi frais et aussi beaux que la céruse ; 3° enfin qu'il y a lieu d'espérer que l'emploi de l'oxyde de zinc dans les peintures purement artistiques empêchera l'altération si rapide des tons qui se fait remarquer dans la plupart des tableaux modernes.

« *Le Ministre des Travaux publics,*

« VIVIEN. »

Arrêté du Ministre des Travaux publics.

Le Ministre des Travaux publics,

Considérant qu'il importe, dans l'intérêt de la santé des ouvriers peintres, de substituer le blanc de zinc au blanc de céruse dans les travaux de peinture exécutés par l'État,

Arrête ce qui suit :

A l'avenir le blanc de zinc sera exclusivement employé dans les travaux de peinture à l'huile exécutés dans les bâtiments de l'État par les ordres du Ministre des Travaux publics.

Fait à Paris, le 24 août 1849.

T. LACROSSE.

les progrès considérables qui ont été réalisés dans cette industrie. Le temps est loin où le métier de fabricant de céruse, suivant l'expression d'un des industriels que nous avons entendus, équivalait presque *au métier de bourreau.* — D'anciennes usines ont disparu. celle de Clichy notamment, et ont été remplacées par d'autres pourvues d'un meilleur outillage ; toutes les opérations de raclage, broyage, se font en présence de l'eau ; le travail à sec a été supprimé presque complètement, sauf de rares exceptions qui devraient disparaître (1). La céruse n'est plus livrée en poudre (2), mais sous forme de pâte à l'huile, conditions avantageuses à la fois pour ceux qui fabriquent le produit et pour ceux qui l'emploient. Le broyage de la céruse en présence de l'eau, le mélange avec l'huile, l'élimination de l'eau, toutes ces opérations se font dans des appareils où la formation des poussières est à peu près impossible. — L'instruction rédigée en 1881 par le Conseil d'hygiène de la Seine *sur les mesures à prendre dans les usines, ateliers, chantiers où l'on se livre à la fabrication ou à la manipulation du plomb et de ses dérivés* a eu de bons résultats. En dehors des progrès réalisés dans l'installation des ateliers et des appareils, des mesures sévères et efficaces ont été prises pour l'hygiène des ouvriers : interdiction de prendre des aliments quelconques dans l'intérieur des ateliers ; obligation pour les ouvriers de déposer dans des vestiaires avec cases individuelles leurs vêtements de ville et de ne travailler qu'avec des costumes spéciaux ; installations de lavabos pratiques, à eau chaude ; douches, bains sulfureux ou autres mis à la disposition du personnel ; distribution gratuite de lait à plusieurs heures de la journée ; inspection médicale régulière et sérieuse ; tels sont les principaux progrès qui ont été réalisés dans nombre d'établissements bien tenus, et dont nous avons vu, en particulier, la mise en pratique dans l'une des principales fabriques de céruse, celle de M. Expert-Bezançon, qui peut passer pour un modèle. — L'industrie du minium, plus dangereuse encore que [celle de la céruse, a fait aussi des progrès, et il n'est pas douteux que le procédé aujourd'hui suivi, par le nitrate de soude, soit moins funeste que l'ancien système ; le minium est encore livré en poudre, mais des précautions efficaces ont été prises pour éviter la dissémination des poussières pendant le broyage, l'embarillage, etc., notamment par l'emploi de bons ventilateurs. — L'emploi des masques empêchant l'arrivée des poussières dans les organes respiratoires a été souvent recommandé, mais sans beaucoup de succès d'ailleurs, les ouvriers ne se soumettant guère à l'usage de ces appareils qui leur imposent une gêne trop réelle.

On a enfin reconnu la nécessité de surveiller attentivement l'embauchage des ouvriers, d'éliminer ceux qui présentent des tares physiologiques notoires, de mettre momentanément au repos ceux qu'atteignent des accidents saturnins légers, et au besoin de les exclure définitivement du travail de la céruse.

Grâce à toutes ces mesures, les accidents sont devenus rares ; assurément le saturnisme n'a pas disparu des fabriques de céruse, et le liseré bleu des gencives y est encore fréquemment constaté. Mais les cas graves sont exceptionnels, et nous avons eu la preuve, par l'examen des registres ou des documents qui nous ont été transmis par des médecins de fabrique, que, dans une céruserie bien dirigée, il arrive qu'on passe une année entière sans observer un accident de saturnisme vraiment sérieux.

Comme le dit M. A. Gautier dans son rapport au Conseil d'hygiène et de salubrité (3) sur l'*intoxication saturnine à Paris pendant la période* 1894-1898, dans les périodes antérieures à l'instruction de 1881, les professions principales, rangées d'après le nombre des saturnins qu'elles fournissaient, étaient les suivantes :

1° Peintres, enduiseurs, ponceurs.
2° Cérusiers et fabricants de minium.
3° Polisseurs de caractères d'imprimerie.

---

(1) Il nous a été dit qu'une compagnie de chemin de fer exige encore la livraison de la céruse en poudre.
(2) Voir Rapport de M. Napias ; *Recueil des travaux du Comité consultatif d'hygiène,* t. XVIII, p. 99.
(3) Compte-rendu des séances du Conseil d'hygiène et de salubrité du département de la Seine, 1899, p. 437.

4° Fondeurs.
5° Plombiers.
6° Étameurs et chaudronniers.
7° Typographes.

D'après un tableau précédent qui indique, pour la période 1894-1898, le nombre des malades saturnins fournis à Paris par chaque profession, on voit que les peintres en bâtiments, enduiseurs, ponceurs, gratteurs de couleurs, badigeonneurs, tiennent toujours le premier rang, tandis que les cérusiers, qui étaient au second rang en 1881, sont heureusement tombés au sixième et n'ont plus qu'une moyenne de quatre malades par an, au lieu de cent quatre-vingt-quinze qu'ils envoyaient à l'hôpital au cours de la période 1876-1880. « Il faut reconnaître cependant, ajoute M. Gautier, que c'est ici une conséquence, moins peut-être de l'application de l'instruction dressée par le Conseil d'hygiène, que de la disparition de l'usine de Clichy, qui fabriquait et broyait la céruse à sec, méthode très défectueuse que d'autres usines, délachant la céruse sous l'eau et broyant à l'huile, ont depuis fait disparaître (1). »

Si l'on cherche à se rendre compte de la gravité des accidents en appréciant le nombre de jours d'hospitalisation des malades que fournissent les diverses professions du plomb, les cérusiers ne viendraient qu'au onzième ou douzième rang. Nous remarquons enfin, toujours dans le rapport de M. A. Gautier, que, dans la période quinquennale 1894-1898, sur quatre-vingt-six cas d'empoisonnements saturnins terminés par la mort, aucun n'est attribué aux cérusiers.

Nous concluons donc de ce qui précède que, si la céruse reste une fabrication insalubre, les dangers qu'elle présente sont en grande partie évitables et très souvent évités.

Les mêmes progrès ont-ils été réalisés dans l'hygiène des ouvriers qui emploient la céruse, et en particulier dans la nombreuse corporation des peintres en bâtiments, dont nous devons nous occuper plus spécialement? — Si nous consultons encore le rapport de M. A. Gautier, pour la ville de Paris, les entrées à l'hôpital pour accidents saturnins chez les peintres, broyeurs de couleurs, badigeonneurs, ont été en 1894, 265; en 1895, 218; en 1896, 216; en 1897, 257; en 1898, 159. Pour ce qui est de la gravité des accidents appréciée par la durée du séjour à l'hôpital, les peintres en bâtiments viendraient au huitième rang, après les fondeurs, ciseleurs, vernisseurs, broyeurs, serruriers, étameurs, plombiers, et avant les verriers et cérusiers. Dans cette même période quinquennale de 1894-1898, les cas de mort par saturnisme chez les peintres en bâtiments à Paris ont été de 43, la moitié du chiffre total des morts causées par les industries du plomb. Bien que répartis sur un très grand nombre d'individus, ces chiffres paraîtront encore fort élevés.

Il y a une diminution très appréciable dans le nombre des cas de saturnisme chez les peintres pour la dernière année de cette période. Convient-il d'en déduire, comme le font trop volontiers les partisans de la céruse, que l'emploi de cette substance ne présentera bientôt plus de dangers? Ne serait-ce pas plutôt parce que l'usage de l'inoffensif blanc de zinc est dès à présent assez répandu ? (2).

Il n'est pas douteux qu'un bon nombre des cas de saturnisme chez les peintres travaillant à la céruse pourraient être évités si les précautions nécessaires étaient plus rigoureusement observées. Ainsi, les enduiseurs ne consentent pas tous, il s'en faut, à se servir du couteau spécial destiné à tenir la provision d'enduit, qu'ils préfèrent prendre directement dans la main gauche ; l'absorption du poison, déjà possible par la peau saine, est rendue plus facile en raison des petites coupures que produit le contact continuel du couteau à enduire. Le lavage des mains, avant le repas, est souvent insuffisant. Enfin, sans calomnier l'honorable corporation des peintres en bâtiments, il nous sera permis de rappeler que

---

(1) Voir : *Recueil des travaux du Comité consultatif d'hygiène* ; rapport de M. Napias, t. XVIII, p. 99.

(2) On doit craindre que, pour l'année 1899-1900, il n'y ait une augmentation sérieuse dans le nombre des accidents, en raison des travaux considérables exécutés pour l'Exposition, dans des conditions défectueuses, avec une hâte excessive, et souvent par des ouvriers inexpérimentés.

l'alcoolisme n'est pas rare parmi eux, que l'habitude du *raccord*, c'est le terme du métier, est trop répandue, que les raccords sont trop nombreux dans la journée, et que la consommation de l'absinthe en particulier est souvent excessive. Beaucoup d'intoxications saturnines, se greffant sur des tempéraments affaiblis par l'alcool, prennent une gravité particulière, et sans doute il est arrivé plus d'une fois que des accidents attribués à la céruse auraient dû être mis sur le compte de l'alcoolisme seul.

Quoi qu'il en soit, il ne faut pas espérer de voir disparaître complètement le saturnisme chez les peintres maniant la céruse ; car on ne peut exercer sur des hommes travaillant dans les conditions où se trouvent habituellement les peintres en bâtiments une surveillance efficace, ni réaliser des mesures de protection comme celles qui sont applicables dans une usine.

Blanc de zinc. — La fabrication du blanc de zinc ne présente que des dangers minimes, l'absorption des poussières d'oxyde, qui sont peu toxiques (à moins cependant que le zinc ne soit arsenical), peut être évitée par des ventilations bien comprises, par le tamisage et l'embarillage du produit dans des appareils clos.

Quant à l'emploi de la peinture à base d'oxyde de zinc, elle ne cause point d'accidents et, sous ce rapport, sa supériorité sur le blanc de céruse est indiscutable.

Ainsi que je l'ai dit précédemment, votre Commission a cherché, en consultant des hommes du métier, à s'éclairer sur les difficultés et sur les avantages que peut présenter l'emploi du blanc de zinc dans la peinture en bâtiments.

Il est certain que beaucoup d'entrepreneurs se servent du blanc de zinc à l'exclusion du blanc de céruse : le blanc de zinc est même généralement considéré comme fournissant des couches d'un blanc plus pur, plus frais que la céruse ; il a de plus, comme chacun sait, l'avantage très sérieux de se transformer sous l'influence des gaz ou vapeurs sulfurés en un sulfure qui est blanc, tandis que, dans les mêmes conditions, la céruse noircit.

Les entrepreneurs de peinture reconnaissent pour la plupart qu'il n'y a aucune difficulté, et même quelque avantage, dans l'utilisation du blanc de zinc pour les couches de peinture proprement dites au-dessus des enduits. Pour les enduits eux-mêmes, les avis sont partagés ; l'enduit au zinc *sèche* un peu plus lentement, d'où perte de temps ; le travail *d'étalage* est un peu différent, mais non pas plus difficile, croyons-nous, qu'avec la céruse. Nous avons eu la preuve que l'enduisage peut très bien se faire avec une pâte exclusivement préparée à l'oxyde de zinc. Il y a quelque hésitation dans les opinions émises à propos de la *solidité* du blanc de zinc appliqué aux peintures à l'extérieur des bâtiments, et certains architectes prescrivent encore la céruse pour ce genre de travaux. Pour les rebouchages, les mastics au zinc durcissent moins bien ; pour les *teintes dures*, destinées à être poncées, la céruse conviendrait mieux que le zinc ; il en est de même pour le marouflage des toiles.

Ainsi, pour quelques travaux assez restreints, certains peintres prétendent que la céruse est indispensable ; mais d'autres affirment qu'elle est partout et dans tous les cas remplaçable par le blanc de zinc. Il est dès à présent établi que quelques entrepreneurs font tous leurs travaux à l'aide de blanc de zinc exclusivement.

Beaucoup aussi emploient le blanc de zinc mélangé à des proportions variables de céruse (par exemple dans certaines peintures toutes préparées, comme le ripolin, dont on fait aujourd'hui une grande consommation). Il arrive même parfois, si l'on examine des peintures que les entrepreneurs ou ouvriers disent être faites avec du blanc de zinc seul, que l'on constate par leur noircissement plus ou moins prononcé en présence du sulfhydrate d'ammoniaque ou du sulfure de sodium, qu'elles renferment du plomb en quantités notables. Ceci peut tenir à plusieurs causes.

L'oxyde de zinc est quelquefois fabriqué avec des minerais contenant du plomb, dont une partie passe dans le produit définitif : c'est alors une impureté accidentelle. Mais l'usage de ces minerais tend à se restreindre. D'autre part, nous avons vu noircir sous l'influence du sulfhydrate des enduits fabriqués à l'oxyde de zinc réellement exempt de plomb. Ce fait s'explique par la présence très abondante de siccatifs préparés par le chauffage des huiles avec la litharge. Au contraire, dans les peintures au zinc employées pour les couches au-dessus des enduits, le siccatif est beaucoup moins abondant et les doses de plomb sont si faibles que les réactions du métal n'apparaissent pas (1).

Ces explications nous ont paru utiles pour montrer comment des peintres croyant de très bonne foi employer de l'oxyde de zinc seul, se servent de couleurs qui en réalité renferment encore du plomb.

On dit généralement comme une vérité indiscutablement établie que le blanc couvre moins que la céruse. Il ne serait pas difficile cependant de recueillir des opinions tout à fait opposées, émanant de voix très autorisées. On en trouve la preuve dans les notes placées à la fin du rapport de M. Chevallier sur les travaux de Leclaire. Certains entrepreneurs affirment aujourd'hui que les céruses actuelles, broyées avec de l'eau, sont inférieures aux céruses anciennes et qu'elles couvrent moins que le blanc de zinc.

La différence entre les prix de revient des deux peintures est extrêmement minime ; d'après des expériences faites récemment au palais de justice par les soins de la société « Le Travail », cette différence serait de 0 fr. 0152 en plus pour le zinc par mètre superficiel, en tenant compte à la fois du prix de revient des matières employées et du prix de la main-d'œuvre. Ces chiffres ne sauraient être absolus, car le prix des matières premières est lui-même variable.

D'où vient que la substitution très désirable du blanc de zinc au blanc de céruse est si lente à se faire ?

Il y a là, nul n'en saurait douter, une question de routine contre laquelle il convient de réagir. Le mode d'emploi des deux peintures n'est pas absolument le même ; le travail est peut-être un peu plus difficile avec le blanc de zinc ; en tout cas, il n'est pas identique au travail de la céruse. Par là s'explique la résistance que font à l'emploi du blanc de zinc un bon nombre d'ouvriers habitués depuis leurs débuts à l'usage de la céruse.

En résumé, deux produits principaux, la céruse et l'oxyde de zinc sont employés comme matières fondamentales dans la peinture en bâtiments.

Si l'on consulte des hommes compétents et sans partis pris, on acquiert la certitude que le blanc de zinc peut être sans difficultés spéciales de main-d'œuvre, sans augmenta-tion appréciable de prix de revient, substitué au blanc de céruse dans la presque totalité des travaux de peinture, quelques-uns disent même dans tous les travaux de peinture sans exception.

Or, s'il est vrai que la fabrication de la céruse, autrefois si meurtrière, est devenue, grâce aux perfectionnement des méthodes et appareils et à de sages mesures d'hygiène, infiniment moins insalubre qu'autrefois, il est certain, d'autre part, que l'emploi de ce pro-duit par les peintres en bâtiment est resté dangereux et fait encore chaque année beaucoup de victimes.

La fabrication du blanc de zinc ne présente pas de dangers spéciaux dus à des proprié-tés toxiques du métal mis en œuvre. Et l'on n'a pas constaté d'accidents dans l'application des couleurs à base de zinc.

Dans ces conditions, les hygiénistes ne peuvent que désirer de voir se répandre de plus en plus l'emploi des couleurs à base de zinc. Ils auront même quelque droit de s'étonner qu'après tant d'années écoulées depuis les premières applications du blanc de zinc la subs-titution ne soit pas encore plus radicalement effectuée.

Irons-nous jusqu'à demander, comme l'a fait le syndicat des ouvriers peintres, l'inter-diction de la fabrication et de la vente de la céruse? — Assurément non, une telle mesure serait inapplicable et illogique, puisque la céruse a dans l'industrie, notamment en céra-mique, des emplois autres que la peinture, et puisqu'en somme nous ne sommes pas absolu-ment sûrs qu'elle ne soit pas indispensable pour quelques travaux de peinture. Si l'on entrait dans cette voie, il faudrait encore supprimer d'autres couleurs à base de plomb, non

---

(1) Nous rappellerons qu'il existe des huiles siccatives exemptes de plomb, celles par exemple au borate de manganèse, dont il y aurait lieu de propager l'emploi.

moins dangereuses que la céruse, comme les chromates et le minium surtout, dont l'importance est grande et dont le remplacement par une couleur inoffensive n'apparaît pas encore comme pratique.

Nous vous proposerons donc de répondre à la question posée par le Ministre de l'intérieur que :

La substitution des peintures à base d'oxyde de zinc aux peintures à base de céruse est tout à fait désirable au point de vue de l'hygiène ;

Cette substitution semble possible dans la très grande majorité des travaux de peinture :

Par suite, les administrations de l'État donneraient un exemple salutaire, feraient une œuvre d'hygiène très utile en prescrivant, chaque fois que cela sera possible, la substitution du blanc de zinc au blanc de céruse dans les travaux exécutés pour le compte de ces administrations.

Conclusions approuvées par le Comité consultatif d'hygiène publique de France, en assemblée générale, le 4 mars 1901.

ANNEXE VII

AVIS

du Conseil général des bâtiments civils sur la substitution du blanc de zinc
au blanc de céruse dans les travaux de peinture.

(27 février 1901.)

Rapport de M. Moyaux.

Le Comité consultatif d'hygiène publique de France a été saisi de la question de substitution dans les travaux de peinture faits pour le compte de l'État, des départements et des communes, du blanc de zinc au blanc de céruse dont l'emploi cause, comme chacun sait, de fréquents accidents saturnins. Cette question échappant à la compétence technique du Comité, M. le Président du Conseil, Ministre de l'Intérieur et des Cultes, a prié son collègue, M. le Ministre de l'Instruction publique et des Beaux-Arts, de vouloir bien inviter le Conseil général des bâtiments civils à se prononcer sur le point de savoir si, dans les travaux courants de peinture, la substitution du blanc de zinc au blanc de céruse peut avoir lieu sans compromettre la durée de ces travaux, sans nuire à leur aspect et sans augmenter le prix de revient.

Le danger que présente pour la santé des ouvriers l'emploi de la céruse dans les travaux de peinture du bâtiment est connu depuis longtemps, et ce n'est pas pour la première fois que l'attention des pouvoirs publics est appelée sur la question au sujet de laquelle M. le Ministre de l'Intérieur désire connaître l'avis du Conseil général des bâtiments civils. Déjà, il y a cinquante-deux ans, une enquête a été ordonnée à ce sujet et trente-cinq certificats motivés tous par l'expérience et établissant qu'on doit abandonner l'usage du blanc de céruse pour la peinture ont été remis par des architectes choisis parmi les plus renommés : Blonet, Bartaumieux, Lesueur, Lassus, Labrouste, Achille Leclerc, Viollet-Le-Duc, Lesoupaché, Pellechet, Duban, Guénepin, etc., pour ne citer que ceux qui nous sont le plus connus.

A la suite de cette enquête, un arrêté en date du 24 août 1849, de M. Lacrosse, alors Ministre des Travaux publics, prescrivit qu'à l'avenir le blanc de zinc serait exclusivement employé dans les travaux de peinture exécutés dans les bâtiments de l'État.

En 1852, M. le Ministre de l'Intérieur, signalant aux préfets la fabrication et le broyage de la céruse comme des opérations éminemment insalubres et que l'emploi des peintures qui contiennent cette substance dangereuse produit également les plus funestes effets pour les ouvriers, prescrivit les mesures nécessaires pour que le blanc de céruse ne fût plus employé dans les travaux de peinture à exécuter aux bâtiments départementaux.

Mais ces prescriptions restèrent inexécutées, sous prétexte, tant est forte la routine, que les essais de substitution du blanc de zinc au blanc de céruse n'auraient pas donné

des résultats satisfaisants et qu'on se heurtait, dans la pratique, à des difficultés maté-
rielles de telle nature que les hommes de l'art, ouvriers, entrepreneurs et architectes, pré-
tendaient qu'il n'était pas possible, à égalité de prix, de main-d'œuvre et de durée, de
substituer le blanc de zinc au blanc de céruse. Et c'est précisément, dit M. le Président du
Conseil, Ministre de l'Intérieur, un élément d'appréciation sur lequel le Comité consultatif
d'hygiène publique aurait le plus grand intérêt à être fixé, attendu que s'il importe d'édicter
des mesures de préservation de la santé, voire de la vie des ouvriers, il importe aussi de
s'assurer que les prescriptions ne seront point encore cette fois considérées comme irréali-
sables dans la pratique courante.

La céruse (hydrocarbonate de plomb) est très vénéneuse, introduite dans l'organisme
par la respiration ou le toucher, elle produit la terrible colique saturnine, la cachexie, trop
souvent la mort. En trois années, on a compté récemment, à Paris seulement, parmi les
ouvriers peintres ayant fait emploi de céruse, 481 malades et 19 morts. Bien plus, il serait
démontré que l'avenir des futures générations est très compromis quand le père ou la
mère sont atteints d'intoxication saturnine. Les pouvoirs publics ont donc raison de vouloir
apporter remède à un tel état de choses, et le seul remède est de proscrire absolument la céruse dans les travaux de peinture, tous les hygiénistes sont unanimes sur ce
point.

Au broyage, la céruse est maintenant, on peut le dire, sans danger, le broyage se
faisant mécaniquement dans l'eau. Mais la céruse est restée dangereuse pendant le ponçage des peintures soignées, le grattage des vieilles peintures et le maniement des
enduits.

En plus de ces inconvénients graves, la peinture au blanc de céruse en a d'autres qui
obligent à la remplacer par celle au blanc de zinc partout où il y a des émanations sulfurées, c'est-à-dire pour les cabinets d'aisance, les établissements de bains sulfureux,
les laboratoires de chimie, les intérieurs éclairés au gaz, parce qu'avec les émations sulfurées, le blanc de zinc reste blanc, tandis que le blanc de plomb devient noir comme de
l'encre.

A cette qualité de rester blanc, le *blanc de zinc en a une autre très importante, celle
de n'être pas vénéneux*, mais il présente quelques légers inconvénients que nous devons
signaler pour en faire un emploi judicieux,, inconvénients qui, si légers qu'ils soient, ont
fait cependant que certains entrepreneurs de peinture arriérés, dont le nombre, fort heureusement, diminue à mesure que le blanc de zinc se fait mieux connaître, ce qui est dû à
ce que la Vieille montagne n'est plus seule à fabriquer ce blanc, prétendent que, au point
de vue industriel et économique, le blanc de zinc serait inférieur au blanc de céruse pour
les enduits qui peuvent se faire sans l'adjonction de la céruse ; pour la peinture, parce qu'il
couvrirait mons que le blanc de céruse ; enfin, parce qu'il aurait moins de durée et que, par
conséquent, les peintures au blanc de zinc entraîneraient une augmentation de dépense.
Mais cette prétention, faite sans preuve, n'est qu'une erreur de la routine dont il convient
de faire justice.

Le blanc de zinc est aussi solide, tout au moins dans les intérieurs, et plus beau que le
blanc de céruse qui jaunit rapidement. Son emploi est tout aussi facile que celui du blanc
de céruse ; ce n'est qu'habitude à prendre par l'ouvrier, et, quand il a pris cette habitude, il ne veut plus employer le blanc de céruse, sachant ce qu'il lui en coûte.

Il suffit, d'ailleurs, pour que le blanc de zinc couvre aussi bien que le blanc de céruse,
de tenir la teinte un peu moins liquide en faisant entrer dans sa composition, comme dans
celle des enduits, une plus forte proportion d'huile et moindre d'essence de térébentine.

La peinture au blanc de zinc sèche moins vite, il est vrai, que celle au blanc de plomb
mais on obvie à cet inconvénient, si l'on est pressé, en délayant ce blanc dans des
huiles de lin manganésées, ou en y ajoutant des siccatifs spéciaux, tels que le borate de
manganèse ou les siccatifs zumatiques qu'on trouve chez tous les fabricants de blanc de
zinc.

Est-il démontré que la peinture au blanc de zinc résiste moins bien aux intempéries que la peinture au blanc de plomb? Les uns disent oui, les autres disent non. On ne paraît pas encore suffisamment fixé sur ce point; toutefois la présomption serait plutôt contre le blanc de zinc employé dans la peinture, à l'extérieur. Ce que nous savons positivement, c'est que certains entrepreneurs de peinture ont tout à fait renoncé, dans leurs travaux, à l'emploi de la céruse et qu'ils en sont, ainsi que leurs ouvriers, on ne peut plus satisfaits.

Les résultats sont incomparablement meilleurs à l'intérieur, parce que la peinture, comme nous l'avons déjà dit, reste fraîche, tandis que la peinture à la céruse jaunit en très peu de temps.

Quant au prix de revient, il est le même dans les deux cas, quoique le blanc de zinc coûte, au poids, encore plus cher que le blanc de plomb; mais celui-ci pèse plus pour le même volume, le travail fait ne revient pas plus cher avec l'emploi du blanc de zinc.

En résumé, tout milite plutôt en faveur du blanc de zinc, et c'est si vrai que les fabricants du blanc de céruse viennent de diminuer le prix de leur produit. Mais quand on ne devrait au blanc de zinc que d'éviter l'empoisonnement des ouvriers peintres et de leurs enfants, on doit engager à proscrire la céruse dans les travaux de peinture, en coûtât-il un peu plus, tel est l'avis de votre rapporteur.

AVIS

du Conseil général des bâtiments civils.

*Sur la substitution du blanc de zinc au blanc de céruse dans les travaux de peinture
faits par l'État.*

(Extrait du procès-verbal de la séance du 27 février 1901.)

—————

Le Conseil,

Consulté par M. le Ministre de l'Instruction publique et des Beaux-Arts, à la demande
de M. le Président du Conseil, Ministre de l'Intérieur et des Cultes, sur la question de savoir
s'il est possible, dans la pratique, de substituer l'emploi du blanc de zinc à celui du blanc
de céruse dans les travaux de peinture faits au compte de l'État, des départements et des
communes :

Après avoir entendu M. Moyaux, inspecteur général des bâtiments civils, en son rapport en date de ce jour et dans ses conclusions ;

Considérant tout d'abord que le danger que présente l'emploi du blanc de céruse tient
pour beaucoup à l'imprudence et au manque de précautions des ouvriers ;

Considérant d'autre part que le blanc de zinc est dans les peintures intérieures aussi
solide que le blanc de céruse et d'une plus belle couleur et que son emploi est tout aussi
facile pour l'ouvrier qui en a acquis l'habitude ;

Qu'il importe toutefois de remarquer :

Qu'il paraît résulter des expériences faites, qu'il résiste moins bien, pour les peintures
extérieures, aux intempéries que le blanc de céruse et exigerait par suite un renouvellement
plus fréquent ;

Que d'autre part son prix de revient peut être considéré comme équivalent au prix du
blanc de céruse, ainsi qu'il ressort de la note ci-annexée, mais que la dépense d'entretien
se trouverait supérieure, dans les peintures extérieures, par suite du renouvellement plus
fréquent, dont il vient d'être parlé ;

En conséquence et conformément aux conclusions de M. le Rapporteur ;

Est d'avis,

Que la substitution du blanc de zinc au blan de céruse pourrait avoir lieu sans compromettre la durée des travaux pour les peintures intérieures, sans nuire à leur aspect et sans
augmenter leur prix de revient :

Mais en ce qui concerne les peintures extérieures, que la durée en serait moindre.

Pour le Secrétaire :
Le Secrétaire adjoint,
E. Auré.

Le Président,
LORIOX.

—————

(1) Voir ci-après.

COMPARAISON

Des prix de revient d'emploi de blanc de céruse et de blanc de zinc dans les peintures à l'huile.

(Note annexée à l'avis ci-dessous du Conseil général des bâtiments civils.)

Pour les 2ᵉ et 3ᵉ couches, il entre dans la composition d'un kilogramme de peinture environ 750 grammes de céruse ou blanc de zinc.

    Le kilogramme de blanc de céruse coûte.................. 0ᶠ05
    Le kilogramme de blanc de zinc coûte................... 0ᶠ68

Un kilogramme de peinture couvre 10 mètres superficiels.
D'après les éléments qui précèdent, il résulte que dans un kilogramme de peinture :

    Le blanc de céruse figure pour....................... 0ᶠ4875
    Le blanc de zinc figure pour........................, 0ᶠ5100

et que par conséquent 1 kilogramme de peinture reviendra à 0 fr. 0225 plus cher préparée au blanc de zinc au lieu de blanc de céruse et comme 1 kilogramme couvre 10 mètres superficiels, il ressort qu'une couche de peinture au blanc de zinc ne donnerait lieu qu'à une plus-value de 0 fr. 00225 par mètre sur les prix en usage pour les peintures au blanc de céruse.

ANNEXE VIII

ENQUÊTE

du Ministère des Travaux publics.

(19 décembre 1900)

Analyse du dossier communiqué au Ministère du Commerce.

Le Ministre des Travaux publics a adressé en 1901 une circulaire aux ingénieurs en chef des ponts et chaussées, tant des services spéciaux que des services ordinaires des départements pour les prier d'examiner, en se plaçant au point de vue purement technique, si le blanc de zinc pourrait être substitué sans inconvénient au blanc de céruse dans tous les travaux de peinture exécutés pour le compte de leurs services. M. le Ministre des Travaux publics a bien voulu communiquer à M. le Ministre le dossier de cette importante consultation dont les résultats généraux peuvent se résumer de la façon suivante :

Sur 113 rapports parvenus, dont 107 réponses fermes, on en trouve 73 absolument favorables à l'emploi exclusif du blanc de zinc, à l'intérieur comme à l'extérieur, tandis que 32 ingénieurs en chef proposent de l'adopter exclusivement à l'intérieur, mais de conserver la céruse à l'extérieur où son emploi offrirait moins de danger pour l'hygiène en même temps que sa solidité serait plus grande.

Deux rapports seulement sont tout à fait défavorables et considèrent la peinture au blanc de zinc comme plus chère et moins solide que la peinture à la céruse. Ils émanent de la compagnie des chemins de fer du Nord et de l'ingénieur en chef du département du Nord.

Sur 75 réponses entièrement favorables à la substitution, en raison des avantages hygiéniques, il y en a 38 qui prévoient qu'elle nécessitera une augmentation des dépenses, les unes (20), parce qu'elles admettent que la peinture au blanc de zinc nécessite quatre couches contre trois de céruse pour « couvrir » également et par là coûte plus cher au mètre superficiel ; les autres (16), parce qu'elles pensent que la peinture au blanc de zinc doit être renouvelée après deux ans (à l'extérieur), là où la peinture à la céruse dure trois années (deux réponses ne sont pas motivées).

Au contraire, dix ingénieurs en chef considèrent que les deux peintures reviennent au même prix, et deux autres pensent que la peinture au blanc de zinc coûte moins cher que l'autre.

18 réponses combattent expressément le préjugé si répandu que le blanc de zinc ne « couvre » pas aussi bien que la céruse et indiquent les conditions d'emploi nécessaires pour qu'il « couvre » aussi bien et pour qu'il dure autant.

Plusieurs de ces réponses méritent d'être citées.

L'ingénieur en chef du contrôle du Midi fait connaître que le blanc de zinc a été exclusivement employé sur tous les ouvrages de la ligne du chemin de fer, entre Tournemire et le Vigan, sur tous les ouvrages métalliques, notamment ; le résultat a été excellent.

Pour l'ingénieur en chef de l'Aisne, la peinture au blanc de zinc bien exécutée résiste *mieux* que la céruse à l'action de l'air.

Pour l'ingénieur en chef du service maritime à Nice, le blanc de zinc vaut le blanc de céruse ; il est même généralement préféré. Il est adopté exclusivement pour l'entretien des bouées et balises.

Pour les ingénieurs du département des Hautes-Alpes, les peintures à base de blanc de zinc sont solides, durables, inaltérables et d'une innocuité complète ; leur emploi est aussi facile et pas plus coûteux que celui des peintures à la céruse, dont elles ont tous les avantages sans les dangers.

L'emploi du blanc de zinc en remplacement de la céruse n'a d'autre désavantage que de heurter de vieilles habitudes.

Pour l'ingénieur en chef de l'Ariège, c'est l'essence de térébenthine qui rend friable la peinture au blanc de zinc. Cette peinture doit être délayée à l'huile pure pour les travaux à l'extérieur. Le blanc de zinc a déjà été employé dans son service, à l'exclusion du blanc de plomb, pour diverses lignes de chemins de fer et a donné des résultats satisfaisants. Il est seul prescrit dans les devis des divers ouvrages métalliques qui sont à l'étude ou en voie de prochaines exécutions dans le service.

Pour l'ingénieur en chef du département de la Nièvre, « la peinture au blanc de zinc est supérieure comme *solidité* à la peinture au blanc de céruse, à cause de la quantité d'huile absorbée par le blanc de zinc que par le blanc de céruse (environ le double pour un même poids des deux corps). Elle couvre moins que la peinture au blanc de céruse, ce à quoi l'on remédie par une couche supplémentaire. On admet à ce point de vue que quatre couches au blanc de zinc équivalent à trois couches de céruse... En résumé, la peinture au blanc de zinc a des qualités qui doivent la faire préférer pour les travaux à l'intérieur et pour ceux à l'extérieur qui exigent du fini ; elle paraît d'autre part équivaloir à la peinture au blanc de céruse, dans les peintures qui ont pour objet, pour ainsi dire unique, la conservation des matériaux entrant dans les ouvrages, et pour lesquels l'uni des tons étant d'importance secondaire, la suppression de la couche supplémentaire rend à peu près égaux les prix des deux genres de peinture. »

L'ingénieur en chef du service maritime à Saint-Brieuc fait connaître que depuis trois ans l'emploi du blanc de zinc a remplacé celui du blanc de céruse dans presque tous les ouvrages du service maritime. Les résultats au point de vue technique doivent être considérés comme satisfaisants. Le seul écueil au début est une légère difficulté d'application, la peinture au blanc de zinc devant être tenue un peu plus épaisse que celle à la céruse, mais, convenablement préparé et appliqué, le blanc de zinc couvre aussi bien que la céruse et surtout pour les intérieurs, conserve mieux et plus longtemps son éclat.

Pour l'ingénieur en chef de la Dordogne le blanc de zinc arrive à couvrir autant que la céruse si l'on tient la teinte un peu moins liquide.

Même observation de l'ingénieur en chef de la Drôme ; le blanc de zinc est couramment employé dans sa région pour les travaux privés. « Il donne de bons résultats lorsque la couleur est employée épaisse et la proportion d'essence réduite au minimum. Ce serait cette condition d'emploi qui déterminerait pour beaucoup d'entrepreneurs la préférence pour le blanc de céruse qui s'étend plus facilement. »

L'ingénieur en chef de la Haute-Garonne écrit qu'il a été quelque peu surpris d'apprendre d'un entrepreneur de peinture très sérieux et très expérimenté de Toulouse qu'il n'est pas plus coûteux, à son avis, d'employer le blanc de zinc sans addition de litharge, bien entendu, que la céruse. Le tout est d'après lui de savoir bien préparer la peinture à base de zinc et d'en surveiller l'emploi. Il se faisait fort, en ce qui le concerne, d'exécuter des peintures d'aussi bonne qualité au zinc qu'au plomb *et vice versa* pour le même prix s'il lui en était fait la commande.

L'ingénieur en chef ajoute : « Si on n'emploie pas les peintures au blanc de zinc de préférence au blanc de céruse, cela tient en grande partie à ce que l'expérience de la peinture au zinc n'est pas complètement faite. La routine l'a empêchée d'être suffisamment étudiée de bonne foi... »

L'ingénieur en chef du Jura rappelle et renouvelle les conclusions présentées le 27 avril 1891 à la Commission des logements insalubres de la ville de Paris par M. Isidore Finance, ancien ouvrier peintre, actuellement sous-directeur de la Direction du Travail au Ministère du Commerce.

Comme cet auteur il considère que le blanc de zinc est aussi solide que la céruse et *couvre* aussi bien, à la condition de tenir la peinture un peu moins liquide. Il faut également, dans cette peinture, augmenter la proportion d'huile et réduire celle d'essence. Enfin une plus grande attention est nécessaire de la part de l'ouvrier pour égaliser la peinture au blanc de zinc que pour celle à la céruse.

Même appréciation par l'ingénieur en chef du département de l'Oise. Solidité égale avec plus d'huile et moins d'essence pour le blanc de zinc.

Pour l'ingénieur en chef de la navigation du Tarn, le blanc de zinc donne des peintures ayant plus de blancheur, acquérant plus de dureté en séchant, résistant beaucoup mieux à l'action destructive des émanations sulfureuses et étant, par suite, d'une plus longue durée. On peut aussi bien, avec le blanc de zinc, faire d'excellent mastic qui devient beaucoup plus dur que celui à la céruse.

Pour l'ingénieur ordinaire des chemins de fer à Nevers, la peinture au blanc de zinc couvre moins bien que la précédente, sa préparation et son emploi demandent plus de soin, mais faite par de bons ouvriers elle serait, d'après les renseignements recueillis, aussi résistante.

L'ingénieur ordinaire de la navigation à Rouen n'emploie plus que le blanc de zinc depuis trois ans dans le service des dragages en régie, pour l'entretien du matériel naval, notamment. Le blanc de zinc est employé exclusivement dans le service de balisage de l'estuaire de la Seine, pour la peinture des balises, bouées.

L'ingénieur en chef de la navigation à Lille a employé depuis quelque temps le blanc de zinc concurremment avec le blanc de céruse; on a constaté que les peintures faites au blanc de zinc se conservaient très bien, même exposées à l'action directe de la mer comme dans le cas des peintures des fanaux des jetées du port de Calais.... Le blanc de zinc coûte un peu plus cher mais pèse moins lourd, et il en résulte qu'à poids égal il couvre une surface plus grande. Le prix de revient unitaire de la surface couverte se trouve ainsi sensiblement égal.

L'ingénieur en chef du Morbihan écrit que la substitution du blanc de zinc au blanc de céruse est déjà réalisée dans son service depuis quelques années et que les ingénieurs reconnaissent tous les avantages techniques de cette substitution :

« Les peintures au blanc de zinc ont bien tenu, elles ne se sont pas écaillées comme on le craignait d'abord sur la foi de certains auteurs, et elles jaunissent moins que celles à base de plomb. »

L'ingénieur du service maritime à Fécamp, ne se sert plus que de blanc de zinc depuis quelque temps. Il a fait peindre notamment l'extrémité des musoirs en maçonnerie des jetées, et ces peintures n'ont plus besoin d'être renouvelées que tous les deux ans, au lieu de tous les ans avec la céruse. Il ajoute : « à Fécamp, dans les travaux particuliers, il est d'ailleurs d'usage depuis quelques années d'employer exclusivement le blanc de zinc pour les peintures *extérieures* des maisons; celui-ci résiste mieux que la céruse aux intempéries.

L'ingénieur de la navigation intérieure à Auxerre considère comme « absolument discutables » les reproches habituellement faits au blanc de zinc. Convenablement composée et appliquée la peinture au blanc de zinc doit être aussi solide et avoir autant de durée que celle à la céruse car c'est l'huile qui, en séchant, donne à la peinture ses propriétés et sa résistance et celles-ci doivent, semble-t-il, être à peu près indépendantes de la matière employée pour rendre l'huile plus siccative, que ce soit la céruse ou le blanc de zinc.

« Il n'est donc pas certain qu'en opérant bien on soit obligé d'employer avec le blanc de zinc une couche de peinture de plus qu'avec la céruse, et il n'y aurait dès lors aucune économie à employer cette dernière, la couche de peinture coûtant le même prix avec les deux matières. »

L'ingénieur en chef du service maritime à Bordeaux emploie le blanc de zinc à l'intérieur et à l'extérieur dans les phares.

L'ingénieur en chef du service maritime à Bayonne emploie exclusivement le blanc de zinc depuis plusieurs années pour la peinture des phares, musoirs de digues, bouées et autres ouvrages battus par les flots ou voisins de la mer et il le prescrit exclusivement dans ses derniers devis, pour les travaux à terre comme ceux du chemin de fer.

Dans le service maritime du Pas-de-Calais, on emploie universellement la peinture au blanc de zinc. La peinture est solide, de bel aspect et supporte des lavages répétés sans altération.

L'ingénieur en chef de la Manche à Saint-Lô, après une appréciation générale très favorable au blanc de zinc, même *à l'extérieur*, signale une expérience comparative qui présente un grand intérêt. A la suite de malaises éprouvés par des ouvriers dans l'emploi de la céruse, des essais comparatifs ont été exécutés à Granville, en 1895, pour la peinture intérieure des portes amont de l'écluse, et on a employé le blanc de zinc et la céruse respectivement sur deux panneaux.

« Deux ans après on a constaté que le blanc de zinc ne laissait au frottement aucune trace sur la main, alors que la céruse s'y déposait en couche blanche ; il était manifeste que le blanc de zinc était plus solide et plus fixe.

Depuis cette époque, le blanc de zinc est couramment employé dans les travaux du port de Granville et continue à y donner de bons résultats.

Dans le service des phares la substitution est réalisée depuis 1875. D'après la déclaration du directeur des phares cette substitution n'a pas révélé d'inconvénients dans la pratique.

Paris. — MOTTEROZ, imprimeur de la Chambre des Députés, 7, rue Saint-Benoît.